AF337713

Oy
203.

SOCIÉTÉ DE GÉOGRAPHIE DE LISBONNE

LA QUESTION DU ZAIRE

LE PORTUGAL ET LA TRAITE DE NOIRS

He (the Portugal) is a bitter enemy of slavery.

STANLEY. 1878.

Lettre de la Commission Nationale Africaine, de la Société de Géographie de Lisbonne
á tous les Instituts et Sociétes en rapports avec elle

LISBONNE

IMPRIMERIE DE CHRISTOVÃO AUGUSTO RODRIGUES

104 — Rue du Norte — 104

1883

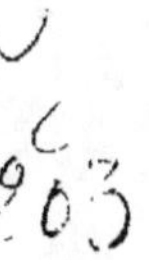

Lisbonne, le 14 novembre, 1883.

———◆·|·✳·|·◆———

Au nom et par mandat de la Société de Géographie
de Lisbonne

La commission nationale africaine
de la même société

Á tous les instituts et à toutes les sociétes
en rapports avec elle

SALUT:

Il serait aujourd'hui difficile, pour les esprits les plus ingé-
nus et les moins préparés par une étude calme et sérieuse des
questions africaines, de ne pas comprendre qu'une campagne violente ou, plutôt une espèce de conspiration extraordinaire de di-
vers intérêts - - les uns, obscurs et illégitimes, — les autres, mal
compris et mal dictés, — a été entreprise, ou pour mieux dire,
réorganisée, en Europe, afin de tromper l'opinion des peuples et
des Gouvernements, au détriment du nom, des droits et de la
souveraineté du Portugal en Afrique, et cela dans l'intention claire
et simple de retarder, d'entraver et d'empêcher l'établissement
d'un régime d'ordre, de justice, d'administration régulière et libérale sur les territoires du Zaire.

Nous croyons inutile de faire remarquer que nous voulons
parler de ces territoires situés entre le parallèle de l'Ambriz et
celui de Cacongo (*Chiluango, Luango-Luce*), du 8ᵉ au 5ᵉ,12 S.,
du côté du littoral.[1] à propos des quels il existe pendante une né-
gociation diplomatique, entre le Portugal et l'Angleterre, relati-
vement aux circonstances et aux bases d'une occupation perma-
nente. Ce sont des territoires où le Portugal seul a des droits acquis
et positifs, où il a la force, l'intérêt, la nécessité immédiate, le devoir indéclinable d'établir ce régime, pour la garantie de la paix

[1] Note du Comte de Clarendon, le 26 nov. 1856. Vid. *La question du Zaire. Droits du Portugal*, 1883.

L'Ambriz est situé sous le 7.°52'.

et du commerce licite de tous les peuples, en même temps que pour sa sécurité et sa dignité souveraine.

Il n'est pas oiseux d'insister de nouveau sur ces points principaux journellement confondus, soit à dessein, soit par inconséquence ou légèreté:

1.º Il n'existe aucun litige de caractère diplomatique ou international, touchant les droits toujours réservés et reconnus de la souveraineté portugaise sur les territoires précités.

2.º Il y a apeine pendante, depuis 1846, entre le Portugal et l'Angleterre une question ayant trait à l'interprétation des traités passés entre les deux Etats en 1815 et 1817, ainsi qu'aux conditions à établir pour la libre communication *(intercourse)* des sujets étrangers avec les côtes et les territoires portugais au nord du 8° parallèle.

3.º Cette même controverse, dans les déterminatións territoriales où elle se fonde, a toujours porté sur la zône du littoral, attendu qu'au nord du 8° parallèle, dans la direction de l'intérieur, l'occupation portugaise n'a jamais été contestée, et qu'aujourd'hui même elle existe de fait et du droit sur plusieurs parties de ces régions.

En ce qui concerne les territoires situés au nord du Zaire, s'il est certain que la limite à laquelle cette controverse se rapporte, est le parallèle 5°-12', il n'est pas moins clair que notre limite de souveraineté politique a besoin d'être un jour historiquement et naturellement rectifiée.

Ceci posé, revenons à la conspiration intéressée et passionnée qui intrigue contre nous, tous les jours et de diverses manières, tant d'esprits généreux, mais imprévoyants, et qui aujourd'hui se réveille par de violentes attaques et des procédés insensés.

Pour nous autres, portugais, le fait est parfaitement connu.

Il possède dans nos archives une histoire qui n'admet point d'illusions.

Dans un délai de quelques années apeine, nous avons dû, à plusieurs reprises, opposer à de semblables conspirations les titres incontestables de notre justice et de nos droits.

Nous les avons invoqués contre ce même complot immoral qui nous occupe, et qui, excitant contre nous toutes les passions et les erreurs favorisées par l'ignorance et la crédulité du vulgaire, est réellement parvenu à dominer et à tromper beaucoup d'esprits éclairés et force consciences honnêtes.

Sans rappeler les questions de Caconda, de Bolama et de Lourenço-Marques, [2] où le bon sens, l'équité et l'honneur des Gouvernements des Etats-Unis et de la France ont eu à prononcer en notre faveur le verdict du droit et de la vérité, contre une de ces conspirations absurdes (contre la même d'aujourd'hui, nous pouvons le dire), nous ferons remarquer seulement que cette question du Zaire n'a pas eu d'autre origine, de même que le retardement apporté à sa solution pratique et digne n'a eu d'autre cause, si ce n'est l'arrière-pensée, les intérêts illégitimes, les menées déloyales d'une sorte de coalition tacite, qui, déjouant la bonne foi de quelques politiques illustres et abusant considérablement de la conscience patiente et tranquille de notre propre justice, est parvenue à obtenir un résultat, dont la civilisation et le droit ne lui sauront certes aucun gré.

Nous avons anéanti l'esclavage et la traite des nègres dans nos possessions; nous n'avons pas consenti sous notre drapeau l'extorsion et l'oppression aventurière de l'africain; nous avons ouvert l'Afrique à l'exploration cultivée de tous les peuples: — au prix des plus grands sacrifices et de travaux séculaires, nous avons développé la civilisation et l'assimilation chrétienne du continent noir. Faut-il, donc après cela, qu'il y ait encore une partie des territoires que nous avons découverts, que nous avons occupés avant toute autre nation, que nous nous sommes, avant tous,

---

[2] Reply of the port. govern. to the case in support of the claim of Gr. Britain to the isl. of Bolama. 1869.

Baie de Lour. Marques. — Question, etc. 1873.

Faits et consid. rel. aux droits du Port. par le V. de Sa. 1855.

Demonstr. des droits, par le V. de Santarem. 1855.

La question du Zaire, Droits du Port. 1883.

Droits de patronage, etc. 1883.

efforcés d'acquérir au commerce et au travail civilisé, — nos territoires du Zaire, — faut-il, disons nous, qu'il s'y trouve encore des régions où la loi est le seul arbitre du trafiquant ou du sauvage; où
le droit se prononce par l'escopette de l'aventurier ou par la tor-
che incendiaire de l'indigène; où le commerce licite est obligé de
vivre en alarme continuelle, sans sécurité, sans justice; où l'esclavage existe et la traite se fait; où les nègres dépouillent et assas-
sinent le blanc, lorsqu'ils ne sont point mis aux fers et assommés
par lui, roulés dans les tonneaux des factoreries ou précipités par
dizaines au fond des fleuves ?! [1]

Voilà le résultat obtenu par nos ennemis; par nos détrac-
teurs.

Contradiction étrange et bien significative!

En abusant du glorieux étendard qui a aboli la servitude et la
traite, on ose déclarer qu'il faut que la traite et la servitude ne
renaissent point au Zaire, en même temps que l'on combat l'occupation effective — la seule légitime — de l'Etat qui, depuis de lon-
gues années, a interdit sincèrement et spontanément la traite et a
proclamé le nègre affranchi et libre, *depuis le fleuve Lifune jusqu'
aux derniers confins du territoire de Molembo!*

C'est donc sur cet état récent de la propagande organisée
contre nous, ou pour mieux dire, sur ce dernier piège où l'on prétend faire choir la bonne foi et l'opinion du monde civilisé, que la
commission africaine de la Société de Géographie de Lisbonne,
heureuse d'accomplir son mandat, entend devoir appeler aujour-
d'hui l'attention de toutes les personnes qui prisent la vérité et la
justice, de tous ceux qui s'intéressent, loyalement, à l'exploration
pacifique du continent noir par les efforts rédempteurs de la science,
de la religion et du commerce licite.

---

[1] Arch. du ministère de la mar. et des col. Docs.
Bolet. da Soc. de Geogr. de Lisbonne. 1881-1882-1883.
Missão ao Zaire de F. A. Pinto *Ined.* Set. 1882.
O. van Sandick's Her. van Zuid-Westk. v. Africa 1881.
Portugal and the Congo. 1883.

Il est un nom illustre que le Portugal a été un des premiers à saluer, et qu'un hasard providentiel a permis aussi à des Portugais de sauver d'une mort obscure, lorsqu'il venait d'achever la glorieuse traversée du continent noir, nous voulons parler de Mr. Stanley, qui en 1878 rendait spontanément les plus hauts et sincères témoignages à notre loyal désir, à notre opinion inébranlable contre le trafic négrier, et qui peut-être à son insu paraît avoir, dans un écrit récent qui a parcouru le monde, prêté un concours, certes passionné et injuste, à ceux qui cherchent, en désespoir de cause, à se concilier l'opinion publique en l'excitant contre nos droits incontestables, contre nos services bien prouvés, contre notre administration essentiellement libérale.

Les égards que nous mérite l'illustre explorateur, le respect que nous nous devons à nous-mêmes, ne nous permettent point de descendre jusqu' à discuter la qualification ingrate dont Mr. Stanley se sert pour insulter l'hospitalité portugaise à laquelle il était si reconnaissant et qu'il exaltait si chaleureusement en 1878, à l'instar de beaucoup de ses prédécesseurs parmi lesquels il y a lieu de ne pas omettre Livingstone.

Il serait également peu généreux d'entamer une discussion sur le déplorable sens historique qu'il revèle en nous accusant de n'avoir pas depuis des siècles utilisé les territoires du Zaire, ou bien sur l'extravagante idée qu'il émet en décernant la découverte du grand fleuve à l'illustre missionnaire et explorateur anglais.

Mais, puisque nos adversaires ont fait de la récente lettre de Mr. Stanley un nouvel étendard de combat et de diffamation contre nous, nous nous bornerons à produire, non point ses lettres de 1878 à la société américaine anti-esclavagiste (*the american anti-slavery society*) et au gouvernement Portugais, mais bien l'esquisse rapide de notre vieille campagne et de notre droit positif contre le trafic négrier.

On pourra dès-lors confronter ces arguments avec leurs craintes chimériques et tardives touchant la résurrection de la traite au Zaire sous l'occupation du Portugal.

Nous regrettons sincèrement cette injustice de l'opinion publique, mais à côté de la lettre de Mr. Stanley, il existe un document qui a eu autant de publicité et a acquis une importance analogue:

C'est l'écrit d'un simple *tourist*, (héritier d'un nom illustre) qui a dernièrement parcouru notre district de Mossamedes, en chassant et en trafiquant à l'abri de notre protection et de l'exemption importante des droits de fisc que nous avons en la générosité de lui accorder sous le prétexte d'une exploration scientifique plus qu'hypothétique. [1]

Cet individu nous attaque également par les inexactitudes et les injustices de sa passion et de son ignorance manifeste. Il suffira de faire observer, en passant, que voulant révéler à l'Europe la situation économique de la région du Zaïre, connue depuis si longtemps, il n'hésite pas à déclarer que nous n'avons pas d'intérêts dans le grand fleuve!

Si pourtant il voulait rendre hommage à la justice et à la vérité, cet individu devrait avouer que lorsqu'il a visité le Zaïre la majeure partie des factoreries arboraient le pavillon portugais; que le personnel de toutes les autres était presqu' exclusivement portugais, que la langue portugaise était encore l'idiome usité dans les rapports et le commerce avec les indigènes, et qu' enfin le système et les conventions commerciales entre ceux-ci et les blancs avaient été établis traditionnellement et légalement par les Portugais. [2]

Et voilà comment on prétend tromper l'Europe! C'est ainsi, ou bien en essayant de mettre en avant l'idée excentrique de l'assimilation du Zaïre au Danube: d'un système de administration internationale qui, avant d'être illégitime et dangereux à la face du droit, serait déjà parfaitement absurde et inconséquent, vis-à-vis la connaissance rudimentaire et pratique des affaires africaines.

---

[1] Lord Mayo, le fils de l'homme illustre du même nom.
Arch. du Minist. de la Mar. et des Col.
[2] Bol. da Socied. de geogr.
Vid. note antérieure.

Ce n'est pas nous, de même que ce n'a été aucune nation européenne, qui avons inventé l'esclavage et la traite chez les indigènes des régions d'outre-mer que nous avons découvertes ou dont les autres pays se sont emparés.

Mais c'est nous, parmi toutes les nations civilisées, qui avons porté le premier coup à l'esclavage et à la traite de ces indigènes.

Nous ne saurions trop le répéter, puis qu'on s'évertue tant à le cacher.

Nous l'avons déjà rappelé à un autre endroit : — par diplômes officiels des 20 mars 1570, 11 novembre 1595, 26 Juillet 1596, 5 Juin 1605, 30 Juillet 1609, 10 septembre 1611, nous avons formellement condamné, *au nom du droit naturel* et sous peine de fortes pénalités, l'esclavage et le trafic des indigènes du Brésil, en les proclamant *«libres et égaux aux autres hommes»*, soit qu'ils fussent déjà convertis à notre foi, soit qu'ils vécussent encore dans les croyances de leur sauvagerie aux quelles nous tâchions de les arracher par la catéchèse et l'éducation chrétienne.

Obéissant à cette inspiration généreuse, dont on ne retrouve l'exemple dans la législation d'aucun Etat contemporain, nous avons bravé les dangers sérieux d'une conflagration qui aurait pu détruire notre domination encore mal affermie en Amérique, de même que, plus tard, nos tendances et nos engagements abolitionnistes n'ont pas été étrangers à la perte du Brésil et à sa séparation prématurée de la souveraineté portugaise.

Nous avons suivi la même doctrine civilisatrice et humanitaire vis-à-vis les Japonais, les Chinois, les indigènes de l'Asie, comme le prouvent les édits (*alvarás*) des 20 septembre 1570, 16 février 1624, 20 mars 1758.

Qui pourrait nous disputer cette tradition glorieuse ? Quel est l'esprit, de bonne foi, qui ne reconnaîtra point que cette abolition au nom du *droit naturel*, en plein XVIme siècle, de l'esclavage et de la traite des indigènes de l'Amérique et de l'Asie, impliquait aussi nécessairement la condamnation doctrinaire et juridique de la traite et de l'esclavage des indigènes du continent noir ?

Qui ne verra pas là une véritable révélation, une affirmation caractéristique, à une époque où le reste de l'Europe non seulement maintenait, mais encore créait des servitudes de blancs et de chrétiens, comme le faisait, par exemple, un édit d'Edouard VI d'Angleterre, en 1547 ?[1]

En Afrique nous avons retrouvé cette odieuse institution, (comme on l'y trouve encore aujourd'hui, comme on l'y trouvera longtemps) invétérée dans les usages, dans les croyances et dans les conditions ethnologiques des diverses peuplades indigènes.

Nous avons cherché à l'utiliser au bénéfice de la civilisation chrétienne et de la colonisation du Brésil; mais depuis lors aussi, depuis la première transportation et le premier emploi d'esclaves nègres, nous nous sommes efforcés d'entourer cette infame institution de toutes les conditions possibles d'humanité et de prudence.

La compilation des lois et documents publiés par nous à cet égard formerait certes un gros volume.

Avant toute autre nation coloniale nous avons inauguré l'abolition de l'esclavage dans nos possessions.

Par diplômes du 19 septembre 1761 et du 2 janvier 1767 nous avons anéanti le commerce des nègres sur les marchés du continent portugais d'Europe et avons proclamé *libre* l'africain esclave qui débarquerait sur notre territoire européen.

D'après le premier document, les esclaves arrivés en Portugal étaient de ce chef «*libérés et affranchis, sans qu'il fût besoin d'aucun autre diplôme de manumission ou d'affranchissement.*» Les autorités qui retarderaient, ne fût-ce que de 48 heures, l'exécution de cette mesure devaient être de suite suspendues de leurs fonctions pour subir une punition sévère à l'arbitre de la justice royale.

———

[1] Anderson. Vol. 2.
Mem. hist. and. top. of Bristol by the Rev. Seyer — 1827.
House of commans, 1789. Mr. Wilterforce.
F. Clarkson, The hist. etc. 1833.
Rights of Port. 1840.

Le célèbre édit ajoutait :

«Nous ordonnons qu'à toutes les personnes, de *n'importe quel état et condition* qui *vendront, achèteront* ou *retiendront* malgré eux à *leur service* et *sous leurs ordres*, comme esclaves, des nègres ou des négresses débarqués dans notre royaume, il soit imposé les pénalités établies de droit *contre ceux* qui *créent des prisons particulières et assujétissent à la captivité les hommes libres*»,

Pour qu'il soit rendu justice entière à cette résolution civilisatrice, nous transcrirons quelques passages d'un édit non moins important, du 16 janvier 1773, qui dit ce qui suit :

«Après avoir prévenu par un autre édit du 19 septembre 1761, les grands inconvénients résultant pour nos Etats de la propagation de *l'esclavage des nègres*, il est arrivé à ma connaissance que dans tout le royaume de l'Algarve et dans quelques provinces du Portugal il y a encore des personnes *si dépourvues de sentiments humanitaires et religieux* qui conservent chez elles, comme esclaves, soit des femmes plus blanches qu'elles, sous le nom de négresses, soit des métis ou autres véritablement noires, afin de perpétuer la captivité par leur reproduction criminelle au moyen *d'un abominable commerce de péchés et d'usurpations contre* LA LIBERTÉ *des malheureux nés de ces concubinages continuels et lucratifs*, et ce, sous prétexte que les entrailles des femmes esclaves ne sauraient engendrer des enfants libres suivant le droit civil; hors, ce même droit, dont on a tant abusé, ne permettant pas que l'infamie de la captivité soit extensible aux descendants des esclaves, qui n'ont pour toute faute que leur malheureuse condition de captives. . . . .

«Considérant le grand inconvénient qui résulte de ces servitudes pour mes vassaux, les confusions et les haines qu'elles sèment entre eux, *les préjudices qui adviennent à l'Etat de compter tant de sujets perclus, invalides et inutiles*, comme ces misérables, que leur triste condition a rendus incapables pour les charges publiques, le commerce, l'agriculture et les contrats de toutes sortes.

«Ordonnons qu'il soit obvié *à toutes les absurdités précitées...* etc.»

Le même édit prescrit, quant au passé, que l'esclavage ne dépassera point la vie de ceux qui seront reconnus être nés pendant la période de servitude; il ajoute cependant que ceux dont l'esclavage proviendra de leurs aieuls «*seront libres et affranchis quoique leurs mères ou leurs grand'mères aient vécu en captivité.*»

Il stipule en outre, quant à l'avenir «que ceux qui naîtront à partir de la date de la publication de cette loi, bénéficieront de ses effets et seront *entièrement libres quand bien même leurs mères ou leurs aieules auraient été esclaves..... et qu'ils seront aptes pour toutes charges, honneurs et dignités*, sans passer par la condition d'*affranchis (liberti)* que la superstition romaine établit dans ses mœurs, *mais que l'union chrétienne et la société civile rendent aujourd'hui intolérable dans mes États...»*

Nous pourrions demander si dans la législation étrangère de l'époque, on retrouve par hasard une affirmation aussi énergique et aussi habile de la tradition et du droit abolitionniste. Mais nous ferons à peine observer que ce principe de la liberté du fils d'une mère esclave, énergiquement établi dans le diplôme de 1773, n'a pu s'imposer que depuis quelques années au droit de plusieurs pays, bien longtemps après que nous l'avons généralisé dans nos colonies d'outremer, c'est-à-dire le 24 juillet 1856.

Peu de temps auparavant, en 1729 deux insignes magistrats anglais York (attorney general) et Talbot (solicitor) déclaraient que l'esclave n'était pas affranchi par le seul fait d'avoir débarqué en Angleterre ou en Irlande, et les journaux de Londres publiaient des annonces de ventes aux enchères ou d'appréhension lucrative, de tous ceux qui y existaient, sous la désignation de *beasts* et de *cattle.* [1]

Davy, Glynn, Alleyne, Scharp et plusieurs autres ont dû user

---

[1] T. Clarkson.—The hist. of the rise and of the abol. 1808.

une grande éloquence et employer des efforts surhumains, pour obtenir, non pas une loi, mais une décision d'un juge que fit triompher en Angleterre en 1772 le principe de notre édit de 1761.

Nous citons de préférence l'Angleterre, *car aucune nation* (nous sommes heureux de le répéter ici) *n'a racheté plus noblement qu'elle la complicité fatale et irrécusable de toutes dans l'exploitation esclavagiste du nègre.*

L'édit de 1761 ayant apporté un trouble sérieux au commerce de la métropole avec les colonies, par suite de l'existence continuelle d'esclaves dans les équipages des navires, un autre édit (du 10 mars 1800), tout en tolérant pareil fait déclare qu'il n'est consenti que parce qu'il en résulte «des marins habiles et expérimentés facilitant la navigation et le commerce.»

Néanmoins ce diplôme impose la condition de ce que ces esclaves seront immatriculés, en circonstances égales, sur les listes des équipages, qu'ils retourneront aux ports d'où ils seront partis, *sans que sous aucun prétexte, ils s'établissent ou soient retenus dans le royaume à l'état de servitude.*

Lorsque en 1825, peu de temps avant l'émancipation du Brésil, quelques individus, qui en étaient partis avec leurs esclaves, prétendirent les conserver comme tels, une résolution royale du 27 juillet suscita «pleinement» la stricte éxécution des édits des 19 de septembre 1761 et 10 mars 1800, ordonnant «qu'il fût mis un terme à tout arbitre contraire, attendu que ces esclaves protégés par les sus dites lois qui proclamaient leur affranchissement, avaient déjà acquis,» par leur arrivée en Portugal, *«un droit dont ils ne pouvaient être privés.*

En 1772 l'Angleterre refusait de déférer à la demande de la *Virginian House of Burgenses,* concernant l'abolition de la traite.

En 1780 cette abolition était décrétée dans la Pensylvanie; mais ce fut seulement en 1783 que les partisans de l'abolition *du transport de nègres à destination des Indes Occidentales* obtinrent qu'il y fut apporté quelque adoucissement.

La convention française supprima aussi l'esclavage dans ses

colonies; mais ce décret ne fut pas exécuté, et la servitude subsista dans les possessions françaises.

Et cependant, par édits des 26 février 1771 et 16 janvier 1773, nous inaugurions, à l'île Madère et aux Açores, l'extinction de l'esclavage dans nos domaines coloniaux, et il y a lieu de remarquer que le 14 octobre 1751, nous avions déjà prohibé sous les plus sévères pénalités le transport de nègres, des différents ports de mer, à destination de territoires que ne seraient pas portugais.

Le 11 janvier 1758, nous interdimes tout transport dépassant le jaugeage des navires, ainsi que la sortie pour des ports autres que Rio de Janeiro, Bahia et Pernambuco.

Mais nous nous laisserions entraîner trop loin, si nous voulions énumérer les mesures successives que nous avons constamment adoptées depuis longtemps, non seulement pour adoucir les cruautés de la traite, mais même pour lui circonscrire le champ et la durée de son action.

Nous n'écrivons pas l'histoire de l'abolition sur les territoires portugais: nous plantons simplement quelques jalons des plus remarquables de la tradition abolitionniste dans nos lois et dans nos mœurs.

Lorsque l'Angleterre se décida enfin à entrer dans la glorieuse campagne contre la traite, elle nous trouva déjà bien avant sur le chemin, et elle eut en nous son premier auxiliaire, son coopérateur le plus sincère et le plus désintéressé.

Le 19 février 1810, l'Angleterre et le Portugal signèrent un traité où le souverain de ce dernier pays déclarait que «entièrement convaincu de l'injustice et de la mauvaise politique qu'offrait le trafic de nègres, ainsi que des grands inconvénients résultants de la nécessité d'introduire et de renouveler dans ses états une population factice et étrangère destinée à travailler dans ses domaines sud-américains, il était résolu à cooperér avec S. M. Britannique à la cause de la justice et de l'humanité et à provoquer petit à petit l'abolition de la traite sur tous les territoires Portugais.»

Il vient à propos de faire remarquer que ce traité était conclu à Rio de Janeiro, c'est-à-dire précisément dans la capitale du grand état, dont la création à elle seule, suffisait déjà pour racheter notre connivence dans la traite. Il y a encore lieu d'accentuer que cette convention était signée au siège du futur Empire, où nous avions principalement lancé nos esclaves africains et où notre domination, était pour ainsi dire mise en jeu de cette manière, avec une sublime abnégation, dans la cause sainte et sacrée de l'abolitionnisme.

Le 24 novembre 1813, notre Gouvernement publiait un document mémorable réglant le transport d'esclaves et y apportant des restrictions, document qui pour affermir les sentiments et la tradition de l'administration portugaise sur la matière, *n'avait besoin que de recommander l'exécution, dans presque toute sa teneur, de deux autres diplomes également portugais; celui du* 18 *mars* 1684 *et celui du* 1.er *juillet* 1739.

Le 11 janvier 1815, au Congrès de Vienne, les représentants du Portugal proposèrent franchement aux diplomates anglais l'abolition complète et immédiate de la traite dans les possessions portugaises, moyennant l'abrogation de la convention passée en 1810 avec l'Angleterre, convention injuste et excessivement onéreuse pour nos industries nationales.

Cette proposition ne fut pas agréée, et cependant le Portugal non-seulement adhéra sincèrement aux déclarations abolitionnistes du Congrès, mais encore il signa avec la même nation les traités des 21 et 22 janvier, stipulant l'abolition de la traite chez les sujets portugais au nord de l'Equateur, terminant aussi à l'amiable les controverses entre les deux gouvernements et *résolvant la question des indemnités dues à nos nationaux par suite des violences et des abus des croiseurs britanniques* qui, malheureusement, continuèrent encore pendant longtemps.

Ces traités et ces conventions sont bien connus, de même que ceux des 28 juillet et 11 septembre 1817, du 15 mars 1823 et du 3 juillet 1842. Nous nous en sommes d'ailleurs occupés d'une manière particulière, lorsque nous avons discuté la question du

Zaire qui devait surgir si longtemps après, à force d'intrigues et de calomnies suscitées à dessein contre nous, à mesure que nous avancions dans notre œuvre d'abolition et de persécution du trafic négrier, particulièrement sur notre littoral africain.

Le 26 Janvier 1818, un nouvel édit royal déclare que toutes les personnes, de quelle qualité ou condition que ce soit, qui feraient armer et appareiller des navires pour le rachat et l'acquisition d'esclaves, dans n'importe quel port de la côte d'Afrique, au nord de l'Equateur, deviendraient passibles de la perte des esclaves, qui *seraient immédiatement affranchis*, et placés sous la sauvegarde et la tutelle du Gouvernement. et ce outre la confiscation des batiments employés dans ce trafic, avec leurs engins et leur chargement. Les officiers des navires seraient déportés pour cinq ans à Mozambique, et chacun d'eux aurait à payer une amende correspondante à la solde et au bénéfice qu'il devait retirer du voyage *Les assurances sur ces navires et leurs chargements étaient interdites et celles qui se feraient en dépit de cette prohibition seraient nulles et non avenues, les assureurs étant astreints de payer le triple de la prime convenue pour le cas de sinistre.*

Une modification était apportée à l'édit du 24 novembre 1813 tendant à atténuer les effets de la traite au sud de l'Equateur : il était également imposé la confiscation et l'affranchissement des esclaves à ceux qui les transporteraient au Brésil, à moins que le transport ne fût effectué sous pavillon portugais [2].

C'était là une exception naturelle et nécessaire, mais qui entrainait malheureusement l'abus de notre drapeau par tous les trafiquants étrangers.

Aussi ce privilège fut longtemps exploité contre nous et produisit des illusions déplorables sur beaucoup d'esprits éclairés, sur celui de Lord Palmerston, par exemple.

Cependant. le Gouvernement Portugais sincèrement attaché, à la cause où il s'était engagé avant toute autre nation ne put moins que d'opposer continuellement à un pareil abus les mesures les plus énergiques.

Des circulaires adressées aux Consulats et aux Douanes portugaises les 22 et 26 octobre 1835, signalaient que dans certains ports étrangers, on équipait furtivement des navires sous pavillon portugais pour les affecter à la traite. Ces circulaires ordonnaient la persécution des auteurs de semblables méfaits et prescrivaient la plus stricte exécution de l'édit du 26 Janvier 1818.

Des dispositions spéciales furent adoptées par diplômes des 16 Janvier, 1 mars 1837 et 2 mars 1838, pour le contrôle exact de la nationalité des navires portugais, ainsi que pour l'achat et le port de pavillon de ces derniers.

Enfin un nouveau décret aussi notable que l'édit de 1761, *interdit l'exportation d'esclaves par terre et par mer, tant au nord qu' au sud de l'Equateur*, c'est-à-dire dans toutes les possessions portugaises sous des pénalités supérieures à celles que l'Angleterre elle-même demandait lorsqu' elle exigeait que nous missions la traite au rang de la piraterie.

Fortement appuyé, mais aussi puissamment combattu, comme de pareilles mesures l'ont toujours été dans tous les pays, le décret du 10 Decembre 1836, confirmé par celui du 16 Janvier 1837, par l'arrêté ministériel du 2 mars 1838, par d'autres diplômes également énergiques, et notamment par la volonté opiniâtre de son auteur, le Vicomte de Sá da Bandeira, ne fut pourtant pas le dernier coup apporté par le Portugal à la traite des nègres. Restait l'esclavage, la principale source de ce commerce monstrueux sur la quelle continuait à se déchaîner, vigoureux, impatient et bien dirigé le glaive de l'opinion et de la loi.

Il y a cependant une circonstance réellement curieuse que nous ne devons pas passe sous silence, pour l'honneur et la satisfaction de notre pays et aussi parce qu'elle se fait douloureusement sentir à tous ceux qui ont eu l'occasion d'étudier minutieusement la question. Nous ne nous y arrêterons pas d'ailleurs, de crainte de réveiller des passions et des ressentiments que l'on doit heureusement considérer éteints aujourd'hui.

Nous voulons parler d'un fait auquel nous avons déjà fait allusion : c'est qu' à mesure que nous avancions dans la campagne abolitionniste, nous voyions plutôt s'élever contre nous les injustices et les fausses accusations des étrangers que la résistance des nationaux plus ou moins directement intéressés à la continuation de l'esclavage et de la traite.

Ces difficultés créèrent même une situation délicate et violente entre nous et l'Angleterre, notre alliée et notre coopératrice.

Nous ne voulons pas rappeler ici le fameux *Bill* de Lord Palmerston, classé par beaucoup des principaux politiques anglais de l'époque comme un attentat énorme contre le droit et la souveraineté des nations.

On a sans doute oublié, de nos jours, ce document déplorable, résultat d'une mystification extraordinaire qui trompa certainement alors la bonne foi et la haute intelligence du Gouvernement anglais.

On accusait le Portugal de ce que son pavillon continuait à protéger la traite, de ce qu' à l'ombre de son drapeau le trafic négrier tendait à renaître et à augmenter : *on conseillait* l'occupation étrangère de quelques uns de nos territoires coloniaux ; et les croiseurs britanniques commettaient contre nos navires marchands, toute espèce d'attentats et d'extorsions que les tribunaux de leur propre nation étaient obligés de condamner.

Cependant ces tribunaux et d'autres autorités anglaises reconnaissaient et affirmaient que la traite se faisait, sur une large échelle, dans des colonies qui ne nous appartenaient pas, et sur des marchés qui n'étaient pas à nous. Ils déclaraient que des navires américains, espagnols, ou d'autres nationalités arboraient frauduleusement notre drapeau, qu' au Brésil même le capital qui soutenait la traite était principalement anglais, et que la monnaie la plus courante, consistait en marchandises de *Manchester*, etc. [1]

---

[1] Comm. to lord Palmst. 1838.
Mr. Gordon to lord Palmst, 21 april, 1838.
The afr. trade by Buxton.
The *Times*, sept. etc. 1838.
Tables of revenue etc. 1838.
Proc. of the gen. anti slave. conv. London. 1841. — Prof. Adam. Turnbull, Madden, W. Forster. R. Allen, etc. *Rep.*

Devait-il émaner de ces derniers faits une accusation juste contre la vaillante nation britannique, si chaleureusement dévouée à l'extinction du trafic negrier ?

L'égoïsme et les menées illicites de quelques sujets anglais, pourraient-ils noircir la dignité et l'exemple généreux de leur Gouvernement ?

Comment l'honneur et les droits du Portugal pouvaient-ils donc être atteints par l'abus de son drapeau de la part des étrangers, ou même par les malversations de plusieurs de ses sujets ?

Mais poursuivons :

Par arrêté ministériel du 31 Janvier 1839 était aboli le vieil usage d'exiger et de recevoir des *regulos* africains, des hommes de peine esclaves pour les consacrer aux travaux et aux expéditions commerciales dans l'intérieur du pays. Un autre arrêté du mois de Juin 1844 prescrivait d'exercer la plus rigoureuse surveillance sur les navires qui prendraient terre dans nos colonies, sans qu'ils y fussent légalement destinés.

Les instructions à nos croiseurs se répétèrent pendant cette année et les suivantes, pour redoubler leur contrôle. Un décret du 25 Juillet 1842 taxait même la traite de piraterie et lui faisait appliquer les pénalités rigoureuses du décret de 1836.

Les décrets du 14 Septembre 1844 et du 13 Décembre 1854 considéraient compétents les tribunaux ordinaires pour juger et condamner la complicité dans la traite, de tout fonctionnaire militaire ou civil.

Une des premières pensées du mouvement révolutionnaire de 1851 fut de recommander le plus grand soin dans la persécution du commerce négrier, ce qui prouve bien que les idées et les intérêts abolitionnistes étaient parfaitement consolidés dans les mœurs et dans l'opinion publique. Une circulaire adressée aux autorités coloniales du Gouvernement, et signée par le Marquis de Loulé, le 30 Mai de la même année, dit ce qui suit:

«Le Gouvernement appelle tout spécialement l'attention des gouverneurs généraux pourqu'ils tâchent de prévenir et de réprimer *le honteux trafic* des nègres, *qui dégrade l'espèce humaine, offense la religion, avilit ceux qui se livrent à ce commerce,* RUINE NOS POSSESSIONS en les privant des bras qui devraient les enrichir, de l'appui qui pourrait les rendre fortes et puissantes. Il y a donc lieu d'espérer que les agents de l'État feront preuve du zèle nécessaire pour éviter le scandale, prendront à cet effet toutes les mesures en leur pouvoir, et proposeront au Gouvernement celles qui ne seront pas à la portée de leurs attributions. »

Un décret du 14 Décembre 1854 amplifie l'édit du 7 Février 1761, « en fixant l'acception et la condition du terme *affranchi (libertus)* que l'édit du 16 Janvier 1773 a justement proscripte comme barbare et anti-chrétienne dans le sens restreint de l'ancien droit romain. mais qui, dans le sens libéral et civilisateur de la Charte Constitutionnelle a une autre signification plus limitée. »

Le même décret ordonne qu'il soit procédé dans le délai de 30 jours à l'enregistrement de tous les esclaves existant dans les colonies portugaises et déclare libres tous ceux qui ne seraient point inscrits, *et tous les esclaves de l'État.* Il établit pour les serfs le droit de *rerendiquer leur liberté naturelle.* leur facilite l'exercice de ce droit. crée des assemblées protectrices d'esclaves, d'affranchis et d'enfants des uns et des autres.

Le but du Gouvernement portugais ne saurait être méconnu de personne. Déjà par décrets du 14 Avril 1848. il avait fait élaborer un projet de loi pour la complète émancipation des esclaves.

Ne pouvant réaliser l'enregistrement dans ses territoires au nord de l'Ambriz, faute d'une occupation administrative, à laquelle l'Angleterre s'opposait vivement, le Gouvernement portugais n'hésita pas à affirmer solennellement sa pensée loyale et généreuse, en décrétant le 5 Juillet 1856 que l'esclavage était aboli dans le district d'Ambriz. depuis le Lifune *jusqu'au Zaïre. et dans les régions au nord, de Cabinda et Molembo,* c'est-à-dire sur les territoires *de la province d'Angola* depuis la dernière occupation effective jusqu'au 5°-12. lat. S.

Cette abolition n'était pas purement théorique, car il y avait dans ces territoires de nombreuses factoreries et nous continuions à y exercer, comme nous l'avons toujours fait, la surveillance et la police de la civilisation.

Cette mesure était d'autant moins fictive et apparente *qu'il sera facile d'y trouver l'origine de beaucoup de suggestions et d'intrigues contre notre domination sur ces territoires.*

Par une loi du 24 Juillet 1856, il est déclaré que les fils d'une femme esclave, nés dans n'importe quelle possession portugaise, seront considérés libres. Ils serviront leurs maîtres jusqu'à l'âge de vingt ans, sous la tutelle de l'Etat, et ceux-ci seront tenus de les élever et de les nourrir convenablement pendant une égale période sans préjudice du principe général du rachat.

Un arrêté ministériel du 30 Janvier 1856 interdit le transport des hommes de couleur hors de Moçambique, sous la fausse désignation de colons.

Un autre du 14 Août 1856 ordonne l'élaboration d'un projet considérant *pirates* les soit-disants voyageurs trouvés sur des navires négriers, qui étaient de véritables trafiquants de nègres.

Les arrêtés des 23 Janvier, 5 Novembre et 5 Décembre 1856 recommandent également de ne retarder *sous aucun prétexte* les diplômes d'affranchissement des esclaves libérés.

Celui du 29 Décembre de la même année prescrit qu'il soit procédé à la libération de tous les esclaves que l'on reconnaitra avoir été importés dans les colonies, après la défense de cette importation en 1836; il suscite en outre le principe du décret du 14 Décembre 1854 qui établit que *la liberté est présumable et que l'esclavage seul a besoin d'être prouvé.*

L'arrêté ministériel du 31 Décembre 1856, en réglant une partie du décret du 14 Décembre 1854, facilite et recommande le rachat au moment du baptême des esclaves, jusqu'à l'âge de cinq ans.

Il y a lieu de fixer notre attention sur un diplôme important promulgué à cette époque. Nous le citerons sans commentaires, bien que nous fussions dans notre droit de le présenter comme un juste correctif à certaines intrigues tortueuses et légères ourdies contre notre occupation des territoires du Zaïre.

Il s'agit du décret du 27 Septembre 1856.

D'après ce document, personne ne pouvait établir des factoreries dans nos colonies de l'Afrique Occidentale *où il n'y aurait pas d'autorités publiques administratives*, sans l'assentiment préalable du gouvernement d'Angola, lequel pouvait exiger un cautionnement *pour les contraventions aux lois répressives de la traite d'esclaves*, susceptibles d'être commises dans ces factoreries.

Le même document ajoute que, suivant le décret de 1854, *il ne peut y avoir dans ces factoreries d'esclaves ou d'affranchis qui n'aient pas été enregistrés*, attendu que, dans le cas contraire, ils sont considérés libres, ainsi que nous l'avons déjà vu.

Il est renouvelé l'ancienne prohibition de tenir les esclaves attachés à la chaîne ou mis aux fers, sous peine d'une amende et de trente jours de prison.

Ce diplôme, enfin, dit :

« *Si on trouve des esclaves mis aux fers* DANS UNE FACTORERIE DU LITTORAL, OÙ IL N'Y AIT PAS D'AUTORITÉ PUBLIQUE, *ils seront, de ce chef, considérés comme destinés à l'embarquement, et leurs maîtres sujets à les perdre*, indépendamment des autres pénalités, s'il est prouvé la tentative d'exportation concernant ces mêmes esclaves.

Tout esclave qui dénoncera la présence d'autres mis aux fers, sur *quelque point* de la côte, sera affranchi aux frais de l'État, si la dénonciation est reconnue vraie. *Si l'esclave appartient au même maître que les compagnons enchaînés, dénoncés par lui, il lui sera accordé la liberté, sans qu'il y ait droit à aucune indemnité. . . .* »

Lorsqu'à la même époque, le Gouvernement anglais s'opposait formellement à l'occupation, par nos autorités et nos lois, du Zaïre et des territoires adjacents, alléguant en faveur de ses sujets une communication non-restreinte (*unrestricted*) avec ces mêmes territoires il ne pensait pas assurément que sa bonne foi et sa dignité pouvaient être surprises et trompées par beaucoup des suggestions et influences puissantes manifestées à dessein contre cette occupation humanitaire.

C'est exactement ce qui arrive de nos jours, où beaucoup de

personnes généreuses et éclairées sont bien loin de supposer qu'elles sont mystifiées et exploitées dans cette même question. par un grand nombre d'intérêts et de préoccupations déloyales.

L'arrêté ministériel du 10 Mars 1857 abolit de fait l'esclavage à l'île St. Vincent du Cap Vert.

Celui du 7 Mai refuse de déférer á la demande des propriétaires de Moçambique concernant la suspension ou la modification du décret qui ordonnait l'enregistrement de tous les esclaves et proclamait libres ceux qui ne l'étaient point.

Un autre arrêté du 13 Novembre de la même année stipule que les esclaves exportés des possessions portugaises, après la défense de cette exportation, seront considérés libres *partout où ils sé présenteront.*

Plusieurs esclaves ayant été enregistrés dans l'Ambriz postérieurement au délai légal, un arrêté ministériel du 30 Novembre 1865 prescrivit des mesures énergiques contre les fonctionnaires qui avaient toléré pareil abus.

Par décret du 25 Février 1869 *l'esclavage fut enfin aboli dans toutes* les colonies portugaises: les esclaves existant alors passaient à la condition d'affranchis, aux termes du décret de 1854. cette même condition devant cesser en 1878.

Mais les généreuses impatiences de l'opinion et de la politique portugaises, ne se conforment pas encore entièrement avec cet état de choses.

Un décret du 31 Octobre 1874 déclare libres tous les affranchis dans la province du Cap Vert. qui comprenait alors toute la Guiné, et la loi du 29 avril 1875 fait cesser entièrement l'état de servitude. au bout d'un an dans toutes les provinces d'outremer. réglant de nouveau la contribution du travail des anciens affranchis.

Plus tard le décret du 20 décembre de la même année établit les règles de cette contribution sous la forme de contrat.

Une autre loi du 3 Février 1876 abolit la même condition servile dans nos colonies de *St. Thomé e Principe*, où l'arrêté ministériel du 30 Septembre 1865 avait déjà suscité, par des mesures spéciales, l'introduction d'ouvriers libres pour remplacer les esclaves.

Enfin le décret du 21 Novembre 1878 promulgua le réglement général sur les contrats des manœuvres et des colons dont l'élaboration avait été ordonnée le 12 Juillet 1877.

Ainsi termina la période de toutes les transitions, habilement et libéralement préparées par l'administration portugaise, avec une constance opiniâtre; il n'y avait plus d'esclaves, et l'affranchi lui même venait de disparaître du territoire portugais.

Ces résultats avaient été obtenus sans la moindre secousse interne, et l'on peut même affirmer, l'histoire en main, que les illusions, les injustices et les intrigues de quelques traficants étrangers, nous ont créé plus de difficultés et causé plus de désagréments que la résistance et l'opposition naturelle des propriétaires et des traficants portugais.

Dans l'opinion publique, dans les mœurs, dans l'éducation portugaise l'esclavage et la traite, étaient irrémissiblement condamnées longtemps avant qu'elles fussent abolies par la loi.

Il y a même un fait curieux, pour ne pas dire, singulier, dans l'histoire de cette campagne.

Dans plus d'une colonie portugaise, à Macau et à S. Thomé, par exemple, les propriétaires d'esclaves eux-mêmes, en adhérant noblement à la pensée abolitionniste, coopérèrent avec le gouvernement dans l'anticipation de la liberté, la demandant spontanément, et s'y prêtant sans réserves ni exigence d'indemnités.

Pareille anticipation se produisit également au Cap-Vert, ainsi que nous l'avons déjà vu.

En aucune partie de ses colonies, le Portugal n'eut à dépenser les sommes considérables que coûta à l'Angleterre et à d'autres pays l'abolition de ses esclaves. De même, dans aucune possession portugaise, les intérêts esclavagistes n'ont pu offrir une résistance violente et sérieuse aux efforts de l'opinion publique et des gouvernements portugais.

Dès les premiers temps l'odieux trafic négrier en Portugal, marcha toujours en parallèle avec sa propre condamnation.

Cette assertion est confirmée par d'innombrables documents, indépendants de ceux que nous avons cités, et dont la simple énumération nous entraînerait trop loin.

Au commencement du siècle actuel, D. Miguel Antonio de Mello, gouverneur général d'Angola, en livrant la direction des affaires à son successeur, l'entretint longuement, le 25 Août 1802, de l'état où il laissait la province et lui fit remarquer les inconvénients qui résultaient de la traite. Ce fonctionnaire écrivait ce qui suit, le 3 Février 1800, au Gouvernement de la métropole :

«Prétendre ramener au sein de l'Eglise catholique tous les nègres d'Angola, et maintenir en même temps le commerce de la traite, ce sont là *deux buts entièrement incompatibles.*»

«... Si on atteint le premier, le second deviendra impraticable, car la principale origine de la captivité réside dans les mœurs barbares des nègres, mœurs qu'ils abandonneraient, dès qu'ils connaîtraient les vérités catholiques et alors ils subordonneraient leurs actions aux maximes de l'évangile.

«Mais il n'en faudrait pas tant, car aussitôt que les nègres se civiliseraient, ils reconnaîtraient heureusement l'absurdité de vendre un père à son fils, en échange de *geribita* (eau de vie), de tabac, ou de *zuarte* (toile bleue)... enfin pour des motifs aussi frivoles et ridicules que ceux précités, qui sont la cause de la captivité des nègres qu'on vient nous vendre et que nous achetons pour les transporter au Brésil.»

Nous devons encore faire remarquer que l'abolition de l'esclavage et de la traite ne constitue pas seulement dans l'histoire, la politique et l'opinion portugaise une ancienne et ferme tradition d'humanité, de doctrine sociale et juridique.

Elle est aussi une tradition d'intérêt pratique, direct, positif de notre commerce et de notre administration coloniale.

Nous n'avons pas besoin de l'esclave ; nous ne le voulons pas, nous ne le consentons point.. car c'est précisément depuis que nous avons anéanti l'esclavage et la traite, que nos possessions ont prospéré économiquement et produit au décuple.

Il est inutile de nous étendre davantage sur ce point, connu et compris de tous.

Ce que nous avons exposé, déterminerait déjà suffisamment et en toute clarté, (nous le croyons), le résultat qui adviendra nécessairement, sur le rapport de l'esclavage et de la traite, de l'occupation définitive de nos territoires du Zaire, si toutefois il ne suffisait pas de l'exemple irréfutable de ce qui se passe tout près de ces régions, de l'Ambriz au Sud, dans le reste de la province dont ces territoires ont toujours fait partie, et en général, dans nos autres colonies.

Eh! quoi!

Nous avons aboli le trafic négrier, *nous considérons nos possessions d'outre-mer comme partie intégrante de la nation;* nous leur accordons les mêmes libertés et les mêmes droits de la métropole; nous interdisons au blanc de disposer arbitrairement du travail et de la vie de l'indigène: nos lois le prescrivent; nous suivons cette ligne de conduite partout: c'est là notre droit; C'EST LÀ NOTRE INTÉRÊT; ce sont là nos mœurs; tous ceux qui nous ont visités le savent et le reconnaissent (entr'autres mr. *Stanley, de* 1878.*)*: et c'est au nom de l'abolition de la traite, en arborant le glorieux étendard que nous avons été les premiers à planter en Afrique, que l'on prétend chasser du Zaire, ces mœurs, ces lois, ce droit, cette souveraineté humanitaire, la seule qui puisse légitimement s'imposer et s'établir!?

Eh! quoi!

Pour que la traite et l'esclavage ne renaissent point (*mieux vaudrait dire ne continuent point à s'y exercer*) on combat l'occupation souveraine *qui ne tolère pas l'une, qui ne consent pas l'autre,* QUI L'A DÉJÀ ABOLIE MÊME LÉGALEMENT AU ZAIRE, qui possède le droit, la force, la nécessité d'y anéantir l'esclavage et la traite?!

Nous livrons aux consciences justes, aux esprits désintéressés et équitables, l'appréciation de cette contradiction absurde, qui, à notre avis, détermine avec une clarté implacable, mais nécessaire, la tempête d'intrigues et de calomnies déchaînée, contre nous en 1883, *à l'occasion précisément où nous nous efforçons de*

doter le Zaire d'un régime d'ordre, de justice, d'administration libérale.

C'est la reproduction de la guerre qui nous était faite en 1818, *quand nous abolissions la traite au nord de l'équateur ;* ou en 1836 *quand nous l'avons supprimée au sud de la ligne,* ou bien en 1855 et 1856, *lorsque nous occupions l'Ambriz et abolissions l'esclavage depuis le Lifune jusqu' à Molembo!*

Á la grande réunion de *l'anti-slavery convention,* en 1840, un orateur illustre, O'Connell, prononçait les paroles suivantes : « *Can you conceive of a deeper crime than slavery? A crime which includes in it injustice and cruelty, which multiplies robberies and murders! Aye, there is one thing worse than even this :* AND THAT, IS HYPOCRISY ADDET TO IT».

Nous avons combattu et anéanti l'esclavage et la traite.

Nous combattrons et nous anéantirons aussi l'hypocrisie ; la cause est la même : celle du droit et de la vérité.

A la commission africaine de la Société de Géographie, il est réservé dans cette cause une place essentiellement modeste, mais légitime, attendu que l'affaire de l'exploitation pacifique et civilisatrice de l'Afrique est en ce moment livrée, en grande partie, à une question de droit politique et de vérité historique.

Salle de la Société, le 14 Novembre 1883.

Vicomte de S. Januario,

PRÉSIDENT

Ancien gouverneur général du Cap Vert, de l'Inde Portugaise, de Macau, ancien ministre de la marine et des colonies, président d'honneur de la Société de Géographie, pair du royaume, etc.

A. A. de Serpa Pinto,

Major de l'armée, chef de l'expédition scientifique en 1877 de Benguella à Natal, etc.

A. de Sarrea de Sousa Prado,

Chef de l'expédition d'études du premier tracé de chemin de fer de Loanda à Ambaca et de l'approvisionnement d'eau de Loanda, député, etc.

A. A. Pereira de Miranda,

Ancien secrétaire de l'Association Commerciale de Lisbonne, négociant, pair du royaume, etc.

A. do N. Pereira Sampaio,

Ancien secrétaire général d'Angola, ancien gouverneur général du Cap Vert, capitaine de vaisseau de la marine royale, commandant de la station navale de l'Afrique Occidentale, etc.

Fernando d'Almeida Pedroso,

Secrétaire du Comité des missions portugaises d'Outre-mer, etc.

F. de Oliveira Chamiço,

VICE-PRÉSIDENT

Ancien président de l'Association Commerciale de Lisbonne, gouverneur de la Banque nationale des Colonies, etc.

Francisco dos Santos,

Négociant et propriétaire dans l'Afrique Orientale, etc.

Hermenegildo C. de Brito Capelio,

Officier de la marine royale, chef de l'expédition scientifique de 1877 (de Benguella aux territoires de Iacca), etc.

J. A. de Brissac Neves Ferreira,

Ancien gouverneur de Benguella, officier de la marine royale, commandant de la cannonière *Tejo*, etc.

J. José da Graça,

Ancien gouverneur de Mossamédes et de Macao, etc.

J. B. Ferreira de Almeida,

Ancien gouverneur de Mossamédes, officier de la marine royale, commandant en second de l'école pratique d'artillerie navale.

Lucio A. Pereira Crespo,

Ancien gouverneur de Mossamédes, officier de la marine royale, commandant de la corvette *D. Estephania*, etc.

Manuel Raphael Gorjão,

Major de génie, ancien directeur des travaux publics d'Angola et du tracée du chemin de fer de Loanda à Ambaca, etc.

Roberto Ivens

Officier de la marine royale, chef de l'expédition scientifique de 1877 (de Benguella aux territoires de Iacca), etc.

Rodrigo Affonso Pequito,

2.º SECRÉTAIRE

Professeur à l'Institut Commercial et Industriel de Lisbonne, député, etc.

Thomaz A. Ribeiro Ferreira,

Ancien secrétaire général de l'Inde portugaise, ancien ministre de la marine et des colonies et de l'intérieur, pair du royaume, etc.

Tito A. de Carvalho,

Chef de bureau au ministère de la marine et des colonies, député, etc.

Luciano Cordeiro,

1.º SECRÉTAIRE, RAPPORTEUR

Secrétaire perpétuel de la Société de géographie de Lisbonne, député, etc.

www.ingramcontent.com/pod-product-compliance
Lightning Source LLC
Chambersburg PA
CBHW061714060726
47597CB00006B/2370